EL DOLOR DE UN ALMA
SIN MEMORIA

DIEGO GÓMEZ-COSTA

© Diego Gómez-Costa - *El dolor de un alma sin memoria*

© Editorial La Rueca

www.editoriallarueca.com

Primera edición: abril 2025

ISBN: 979-13-87525-25-5

Depósito Legal: M-7917-2025

La reproducción total o parcial de este libro no autorizada, vulnera los derechos reservados.

Impreso en Madrid - España - UNIÓN EUROPEA

ÍNDICE

PRÓLOGO 7

INTRODUCCIÓN 9

CAPÍTULO INICIAL:
EL DESPERTAR DE LA SUPRACONSCIENCIA............ 13

ORIGEN 19

EQUILIBRIO INDIVIDUAL 29

EQUILIBRIO COLECTIVO 37

EL DOLOR DEL DESPERTAR 43

NUESTRO EGO 49

FELICIDAD, IMAGINACIÓN Y TU REALIDAD 59

PRÓLOGO

La motivación de las palabras escritas en este libro forma parte de una guía de autoaprendizaje que deseo sinceramente que alcance el corazón y el alma de las personas que tengan esta obra en sus manos.

No es un texto diseñado para que las personas pasen horas leyéndolo, sino páginas que para mí significan plasmar en un manual lo que he aprendido en mi paso por la vida; esta me ha dejado claras enseñanzas que considero recomendables seguir.

No puedo quejarme de lo que he vivido, porque sería egoísta teniendo en cuenta los sucesos por los que tienen que pasar millones de personas en este mundo. Sin embargo, es cierto que, aunque me sienta un privilegiado, ha habido momentos en los que no sabía hacia dónde ir, ya que no sabía de dónde venía ni qué propósito dedicar a los años que están por venir.

Quiero compartir estas líneas y que, por favor, todo aquel que las lea, si ha sacado algo provechoso de ellas, pueda ayudar a que este texto se conozca para que más personas despierten y sepan que todos en esta vida tenemos un propósito, y mediante este podremos intentar curar nuestros dolores y entender que lo que hacemos por los demás deja una huella en el mundo y anima a otros a continuar haciendo el bien.

Para ser bueno, debes ser bueno y siempre saber de dónde vienes, quién eres, dónde estás y para qué estás aquí.

INTRODUCCIÓN

Cómo comenzar un libro y describir de qué tratará su narrativa con el título que, vacilantemente, he decidido ponerle casi *in extremis*.

Este libro, denominado *El dolor de un alma sin memoria*, como he dejado claro en el breve prólogo que no he querido extender, busca ser un manual que llegue a la mayoría de las personas que, como yo, se han encontrado en momentos donde han necesitado indagar en lo más profundo de su ser para darse cuenta de que no vale la pena sufrir sin necesidad.

Algunos de los que leáis este segundo párrafo podréis opinar cómo me atrevo a decir que el sufrimiento es innecesario; para estos lectores, cabe recordar el título que he decidido ponerle a este texto.

Cuando llegamos a esta vida desnudos, es el único momento en el que todos llegamos por igual, hablando en términos de vestimenta. Llegamos en un momento que tradicionalmente marca la alegría de un nuevo ser –digo *tradicionalmente* pensando en todas aquellas personas que desean que un bebé llegue a sus hogares–; pero todos los niños de este mundo llegan con un motivo, y no tiene por qué ser precisamente el darles alegría a sus padres; puede ser a sus hermanos, a sus primos, o simplemente ser necesarios para ser recordados de alguna manera en su larga o corta vida. Y cuando me refiero a ser recordados, no hago alusión a grandes hazañas; pueden ser recordados por su bondad, por sus logros en el deporte de barrio, o por acciones que, lamentablemente, son duras de recordar por ser socialmente repudiables; pero el hecho es que los bebés llegan a este mundo con un pan y una misión que cumplir.

Me considero una persona creyente; no por ello he dejado de indagar, estudiar y, a la vez, seguir practicando alguna fe, sabiendo que la misma transmite que el ser humano debe amar al prójimo. Hago esta aclaración, que a muchos lectores les parecerá innecesaria, por la razón de lo que expongo aquí: casi nadie lo conoce o lo promulga. Hablo de cómo llegamos y a qué venimos, pero porque tampoco considero que la religión deba ser una barrera o un juicio ante algún conocimiento. Al fin y al cabo, da igual la fe que al final llene ese espacio espiritual que, tal vez por cuestionamientos sin respuesta, necesitas sentir en tu ser.

Al nacer, se nos educa según la religión o cultura que nos haya tocado en nuestro hogar. En este libro quiero exponer a todos aquellos que tengan dudas el hecho de que debe haber una razón más allá de venir, crecer sin darte cuenta, trabajar, y finalmente morir. Es decir, ser alumbrado a este mundo, medrar, morir y se acabó.

Esto no es así. Todos venimos con una razón, un propósito o un programa de vida a desarrollar en este mundo, sea cual sea el tiempo que vaya a durar nuestro paso por este planeta.

En este libro explico el dolor que puede sufrir nuestra alma y, por lo tanto, nosotros al no saber quiénes somos, a qué venimos y cuál es nuestro programa. Creedme, todo está en nuestro interior; solamente se necesita mirar hacia dentro y dejar que nuestro ser interno nos lleve a descifrar el programa que todos tenemos escrito para poder llevarlo a cabo en nuestras vidas.

CAPÍTULO INICIAL: EL DESPERTAR DE LA SUPRACONSCIENCIA

La vida es un viaje lleno de misterios y aprendizajes, y a veces es en los momentos más inesperados cuando encontramos las respuestas más profundas. Este capítulo narra la experiencia que transformó mi vida y me permitió conectar con mi supraconsciencia, también conocida como el yo superior.

Desde que tengo recuerdos en esta vida, la posibilidad de hacer más presente la conexión con mi parte del yo que está unida a mí pero no dentro de mi cuerpo físico, la que guarda ese propósito de vida y la que me conecta directamente con el conocimiento de vidas pasadas que desconocía desde que en esta nueva vida que estoy emulando en este plano nuevamente para completar mi aprendizaje, siempre bajo estados de meditación, puedo llegar a conectarme con una parte que me ayuda, y este es mi yo superior.

En este estado de consciencia superior, me encontré con seres de luz que irradiaban amor y sabiduría. Uno de ellos se acercó y, sin necesidad de palabras, me transmitió un mensaje claro: "Es hora de recordar quién eres realmente, es tiempo de trabajar en lo superior y no en lo inferior". En ese momento, comprendí que mi alma había vivido muchas vidas y que cada experiencia había sido una lección necesaria para mi evolución espiritual.

Este tipo de experiencias me permitió ver mi vida desde una perspectiva completamente nueva. Vi cómo cada decisión, cada error y cada triunfo formaban parte de un plan mayor, diseñado por mi yo superior para guiarme hacia el despertar de mi verdadera esencia. Comprendí que el dolor y el sufrimiento eran herramientas para el crecimiento, y que cada desafío era una oportunidad para aprender y evolucionar.

Cada vez que me relacionaba nuevamente con mi cuerpo, sentía una conexión profunda con mi ser. Sabía que no estaba solo, que una parte de mí siempre estaba guiándome, incluso en los momentos más oscuros. Esta experiencia me enseñó que la verdadera sabiduría no se encuentra en el mundo exterior, sino en el interior de cada uno de nosotros. Es en la conexión con nuestro yo superior donde encontramos las respuestas a las preguntas más profundas de la vida.

Desde ese día, mi vida cambió por completo. Empecé a vivir con una nueva conciencia, sabiendo que cada momento es una oportunidad para crecer y recordar quién soy realmente. El conectarme me enseñó que todos somos seres de luz, viviendo una experiencia humana, y que nuestro propósito es despertar y recordar nuestra verdadera naturaleza.

Este libro es un reflejo de ese despertar, una guía para aquellos que buscan recordar su esencia y conectar con su yo superior. A través de estas páginas, espero compartir algunas de las lecciones que he aprendido y ayudar a otros a encontrar su camino hacia su consciencia superior. Porque, al final, todos somos almas en un viaje de regreso a la luz.

Después de saber que esta experiencia está a mi alcance, comencé a explorar más profundamente las prácticas que me permitían la conexión. La meditación se convirtió en una herramienta esencial en mi vida diaria. Cada noche, dedicaba tiempo a sentarme en silencio, enfocándome en mi respiración y permitiendo que mi mente se aquietara. En esos momentos de tranquilidad, sentía la presencia de mi yo superior, guiándome y proporcionándome claridad sobre mi propósito y las decisiones que debía tomar. Y, por supuesto, cada noche y cada mañana, el sentimiento de gratitud enfocado en mi corazón se convirtió en una costumbre. Para el que no lo sepa, las gracias siempre debemos agradecerlas y, por supuesto, ser agradecidos incluso por lo que pensamos que no nos gusta, ya que todo es perfecto, y todo pasa para nuestro aprendizaje y desarrollo en esta oportunidad que estamos disfrutando, aunque muchas veces nos confunda el ego y lo tildemos como dolor que no queremos tener.

Además de la meditación, descubrí que la naturaleza tenía un poder especial para ayudarme a despertar y relacionarme con lo puro y mi tarea. Pasear por el bosque, escuchar el canto de los pájaros y sentir la brisa en mi rostro me permitía recordar que formo parte de algo mucho más grande. La naturaleza me enseñó que todo está interconectado y que cada ser vivo tiene un propósito en el gran esquema de la vida. Esto lo trato de hacer especialmente en paseos que me permito en la tierra de donde vienen mis familiares, que es naturaleza pura.

A medida que profundizaba en mi práctica espiritual, también comencé a estudiar las enseñanzas de maestros y guías espirituales. Sus palabras resonaban en mi corazón y me ayudaban a comprender mejor las experiencias que había vivido. Aprendí que la supraconsciencia no es algo que se alcanza de la noche a la mañana, sino un proceso continuo de despertar y recordar. Cada día, cada momento, es una oportunidad para profundizar en esa conexión y vivir de acuerdo con nuestra verdadera esencia.

Uno de los conceptos que más me impactó fue el de la unidad. Entendí que todos somos uno, que no hay separación entre nosotros y el universo. Esta comprensión me llevó a vivir con más compasión y amor hacia los demás. Empecé a ver a cada persona como un reflejo de mí mismo, y esto transformó la manera en que me relacionaba con el mundo. Todo esto me enseñó que el amor es la fuerza más poderosa y que, al vivir desde el amor, podemos transformar nuestra realidad y la de quienes nos rodean.

Con el tiempo, mi conexión con esta consciencia primaria se volvió más fuerte y clara. Empecé a recibir mensajes y guías de mi yo superior en forma de intuiciones y sueños. Estas revelaciones me ayudaron a tomar decisiones importantes y a seguir el camino que mi alma había trazado para mí. Comprendí que, aunque el camino puede ser desafiante, siempre estamos siendo guiados y apoyados.

Este libro es una invitación a todos aquellos que buscan despertar y recordar su verdadera naturaleza. A través de mis experiencias y aprendizajes, espero ofrecer una guía que inspire y apoye a otros en su propio viaje espiritual. Porque, al final, todos estamos en un viaje de regreso a la luz, y la conexión consciente es la llave que nos permite recordar quiénes somos realmente.

Otra herramienta poderosa que incorporé en mi vida fue lo que llamo "revisar". Empecé a llevar diariamente un repaso donde plasmaba mis pensamientos, emociones y experiencias diarias. Este proceso me permitió reflexionar sobre mi viaje espiritual y reconocer los patrones y lecciones que se repetían en mi vida cada día. A través de las palabras, encontré una forma de dialogar conmigo a nivel de un plano superior y recibir orientación sobre los pasos a seguir.

La música también jugó un papel fundamental en mi despertar espiritual. Descubrí que ciertas melodías y frecuencias tenían el poder de elevar mi vibración y facilitar mi conexión. Comencé a crear listas de reproducción con música relajante y meditativa que escuchaba durante mis sesiones de meditación e incluso en mis momentos de trabajo diario y, sobre todo, en momentos de introspección. La música se convirtió en un puente entre mi mundo interior y el universo, ayudándome a recordar mi verdadera esencia.

A medida que avanzaba en mi camino espiritual, también me di cuenta de la importancia de rodearme de personas que compartieran mis valores y aspiraciones. Encontré una comunidad de individuos que, al igual que yo, estaban en busca de su despertar espiritual. Juntos, compartíamos nuestras experiencias, aprendíamos unos de otros y nos apoyábamos en nuestros respectivos viajes. Esta red de apoyo fue crucial para mantenerme motivado y enfocado en mi propósito y viceversa.

Con el tiempo, mi comprensión de lo que somos en amplitud se profundizó aún más. Empecé a experimentar sincronicidades y coincidencias significativas que me confirmaban que estaba en el camino correcto. Estos eventos me recordaban que el universo siempre está conspirando a nuestro favor, guiándonos hacia nuestro mayor bien. Aprendí a confiar en el flujo de la vida y a soltar el control, permitiendo que mi yo superior me guiara con amor y sabiduría.

Finalmente, comprendí que el despertar espiritual es un viaje continuo, sin un destino final. Cada día trae nuevas oportunidades para crecer, aprender y recordar quiénes somos realmente. Lo que tenemos es una fuente inagotable de amor y conocimiento, siempre disponible para aquellos que estén dispuestos a buscarla. Este libro es una invitación a embarcarse en ese viaje, a explorar las profundidades de nuestro ser y a descubrir la luz que reside en nuestro interior.

ORIGEN

La historia no comienza de manera especial; simplemente es haber decidido estar en un sitio por una razón y por una misión, pero con la condición de no saber quién eres o de dónde vienes. Echamos de menos un hogar que no recordamos y sentimos que estamos dentro de un cuerpo que no reconocemos y que nos queda muy pequeño, tan pequeño que nos vuelve tan densos que sentimos la capacidad de lo que es la sensación de tener una masa y un peso. Convives además con varios "túes": tu mente, que opina pensando lo que sabe y lo que no, pero supone todo tratando de buscarle un sentido a tu amnesia. Convives con un yo interior puro, pero que desconoces que está ahí, y debes aprender a convivir y a hablar con él, ya que el sitio al que has llegado es tan diferente, con sensaciones que nunca habías tenido. Empiezas a tener emociones que te confunden, pues, en vez de disfrutarlas y aprender de ellas, con el tiempo las encierras todavía más en ese espacio tan pequeño como es tu mente para que, en teoría, nadie te haga daño. Qué paradójico es esto: no recordar, falta de espacio, amnesia de quién eres o de dónde vienes, la falta del hogar que echas en falta; pero tampoco recuerdas al menos cómo actuar. Debes empezar de cero, y las herramientas que tienes a mano cuando intentas pedir que te enseñen a usarlas o ver al menos cómo los demás las usan para así tú ser capaz de aprender por observación terminan generando un miedo inconsciente que se va cubriendo de más miedos y un ensimismamiento que nos convierte en seres errantes, autómatas, que prefieren seguir el estereotipo que les sea más útil, y dejas tal vez de buscar el para qué y por qué estás aquí. Esta historia está actualmente en casi toda la humanidad y, por ende, en los seres que la componen.

Cuando no recordamos quiénes somos, de dónde venimos o qué es lo que estamos haciendo en un lugar en concreto y todo te parece ilógico o no encuentras sentido a las cosas, en algún momento puede afectarte y de repente sentir un dolor incalculable dentro de ti, al cual no sabes cómo darle solución. Aquí está tu alma expresándose, ya que ha sido reiniciada para que empieces desde cero tu andadura en esta vida. Todo este dolor es producto de las dudas ocasionadas por el olvido, es originado por no poder recordar que no somos simplemente personas físicas que vienen a un mundo sin tener instrucciones uniformes, las cuales tenemos que ir aprendiendo por nosotros mismos mediante experiencias. En la actualidad, cada vez nuestro aprendizaje está en medio de una sociedad que discurre su día a día en medio de un sopor que dificulta el despertar y el ser conscientes para poder lograr así que nuestra alma recuerde su propósito de vida lo antes posible.

Hay una historia que narra que a cada niño que viene a encarnar un cuerpo nuevo se le borran todos los recuerdos que pueda tener de vidas anteriores para que dichas vivencias pasadas no influyan en el despertar obligatorio (o no) que deberá efectuar en su nuevo comenzar en este fabuloso emplazamiento que llamamos tierra. Este borrado de memoria es necesario, ya que, si viniéramos nuevamente al mundo con todos los recuerdos de vidas anteriores, de personas que conocimos, de asuntos que hemos dejado inconclusos o simplemente con arrepentimiento de todo aquello que podríamos haber hecho ante situaciones que son de esa otra vida, no dejaríamos que esa nueva personita poco a poco desarrolle su programa de vida sin influencias pasadas, por lo que tendrá que ir acostumbrándose a su nuevo entorno, ese emplazamiento que programó justo antes de volver a venir a este plano, con la añadidura de que tendrá que descubrirlo desde cero y, como yo lo describo, deberá actuar con un rol distinto según las circunstancias que le vayan aconteciendo.

Un alma sin memoria es el título que le di a este escrito. He pensado mucho en este último tiempo en qué es lo que realmente quisiera compartir que ayudara a cuantos más mejor; algo que, además de contar mis experiencias, pudiera ayudar a despertar un poco la conciencia que la propia sociedad nos ha ido obligando a dormirla por el carácter rutinario de las cosas que nos envuelven. Haciendo un ejercicio de observación interna y externa, descubrí que hoy en día estamos más atormentados y alejados de nuestro interior, creyendo que sabemos quiénes somos, sin realmente saber nada de nosotros mismos, y por qué repetimos patrones en nuestra vida, ocurriendo esto de generación en generación muchas veces sin salir del ciclo. Esto está motivado simplemente por desconocer que estamos inmersos en una rueda de situaciones que no resolvemos por ser inconscientes y que, por lo tanto, deberán volver a sucederse hasta que podamos conseguir un aprendizaje una vez concluida su resolución.

Desde hace bastante tiempo, situaciones me han ido sucediendo, como les pueden estar pasando a más personas seguramente en este momento. Estas vivencias me han hecho reflexionar, buscar, indagar y aprender (para algunas cosas aprehendo y para otras aprendo, o incluso muchas veces las dos cosas); ha sido un camino de desarrollo y reconocimiento de quién soy realmente. Estas tres preguntas que plantearé en breve son difíciles de formular y pocas personas son capaces de responderlas sin realmente estar haciendo uso del intelecto no intuitivo, sino aprendido, cuando deberíamos responder con la consciencia interior de seres que vinimos a este hermoso sitio a realizar muchas más cosas de las que hemos conocido al ir pasando los años.

Estas tres preguntas son fáciles de formular, depende de tu grado de despertar podrás responderlas con más tino y celeridad. La primera de ellas es «¿quién eres tú?», la segunda es «¿dónde estás tú?» y la tercera y para mí la más importante es «¿qué has venido a hacer a este mundo?».

Esta búsqueda empezó investigando lo que muchos confunden con felicidad. He leído gran cantidad de libros, han aparecido en mi entorno personas que debieron hacer acto de presencia para enseñarme y comprender más de lo que aparentemente existe. Nos rodean cosas incapaces de percibir a través de nuestros cinco sentidos. A raíz de esto, me he puesto a investigar, ver documentales, leer libros y artículos, indagar por internet, ver historias de otras personas que hoy en día no son difíciles de hallar, logrando adquirir un conocimiento; sin embargo, sigo buscando la sabiduría, ya que el hecho de conocer un tema no te hace sabio del mismo. La sabiduría solamente se puede conseguir utilizando esos saberes adquiridos y desarrollar la misma mediante el análisis y la experiencia de dichos conocimientos que hemos recolectado. Si no hay una profunda prospección de lo que vas almacenando en tus neuronas y además experimentas ese saber con los sentidos que podamos poner en práctica, simplemente tendrás información guardada que podrás aplicar solo para repetir el significado de lo que te hayas memorizado, pero sin sacarle todo el provecho que deberíamos.

¿Quién soy yo?

Las personas que buscan este tipo de lectura saben perfectamente que no es decir cómo te llamas o qué profesiones desempeñas, *ser tú, tú ser*. Una respuesta podría ser si aún lo desconoces: «Todavía estoy descubriéndolo», ya que, recordemos, el ángel del olvido se ha llevado todo recuerdo que podía almacenar nuestra alma, así que solo aquel que ha hecho un trabajo interno podrá responder quién es realmente. La mayoría de las personas no saben quiénes son realmente, confunden su cuerpo y sus nombres con quiénes son. Los humanos somos criaturas espirituales con una inteligencia viviendo en cuerpos físicos a los cuales les entregamos nuestra identidad. Si realizásemos una encuesta basada en esta pregunta que he enfocado acerca de quiénes somos, sabríamos que muchos no saben quiénes son realmente. Ahora mismo estamos, por decirlo de alguna manera, encerrados en una experiencia dentro de un mundo físico donde las personas se dejan controlar por las cosas de su entorno, dándoles incluso mucha más importancia y, por lo tanto, dejando que las controlen, y no se plantean el hecho de la necesidad de despertar y generar consciencia de que son almas sin memoria. La mayoría de las personas necesitan realmente conocer su interior, ya que actúan de una manera automática, reaccionando a este mundo sin ver más allá de lo evidente, pero lo hacen sin realmente experimentar lo que es verdaderamente vivir, y esto sucede al no rememorar quiénes son en esencia.

¿Dónde estás tú?

Sabemos realmente dónde estamos; podemos decir: «mi casa», «mi trabajo», «mi colegio», «mi instituto», «mi universidad» o «en una terraza con unos amigos». Pero dónde estás tú, tu ser qué hace, está ahí, está en automático tomando alguna bebida que te pueda nublar un poco la forma de pensar e incluso desorientarte del sitio donde estés ubicado. Dónde estamos, descubramos a través de nosotros mismos dónde estamos. Normalmente, nos vamos a poder encontrar dentro de nosotros mismos, y nos daremos cuenta de la ilusión que nos rodea creada solamente por nuestra imaginación. La realidad la gestamos nosotros con nuestros pensamientos; por lo tanto, lo que vivimos y dónde nos localizamos forman parte de lo que ya con anterioridad tu creatividad ha fabricado. Plasmemos todo aquello utópico que nos permita experimentar lo que nuestra alma necesite, pero hagámoslo desde el amor y sobre todo desde la conciencia plena de que todo nuestro entorno se creará a través de lo que digamos. Reflexionemos o verbalicemos incluso a modo de anécdota sin importancia y mucho más si nos estamos refiriendo a nosotros mismos en primera persona o a nuestro entorno junto con los seres con los que cohabitamos.

¿Qué has venido a hacer tú?

La última y más difícil de todas las preguntas. Cuando hemos nacido y hemos seleccionado antes de nacer el cuerpo que estaba destinado para nosotros, venimos con un programa de vida, pero ese programa también fue borrado antes de que tu ser floreciera en este mundo. Si me pongo a explicar más en profundidad este programa, en vez de estar borrado, está de alguna manera localizado en un lugar no accesible de una manera sencilla. Comento que es la pregunta más difícil porque el poder averiguar quién eres y cómo has llegado lo vas a ir logrando con esfuerzo, pero lo lograrás con mucha paciencia e intentando quitarles el raciocinio impuesto por la sociedad a nuestras respuestas. Sin embargo, el programa de vida es esencial porque es tu hoja de ruta, lo que has venido a hacer en esta vida. Cuando diseñamos nuestra vida antes de venir, podemos decidir pasarlo de lujo rodeado de maravillas o tenemos el potencial de decidir pasarla con más precariedad y así poder además de ir experimentando lo bueno y lo malo, poder ir saldando deudas que ya de por sí traemos de otras vidas: si hemos robado sin piedad, si hemos matado, si hemos mentido como hábito recurrente, si hemos abandonado a su suerte cosas que afecten a otros. Esas deudas deben ser saldadas sí o sí; si no lo haces ahora, lo harás más tarde, pero lo tendrás que hacer te guste más o te guste menos. Por eso es preferible buscar los caminos que te lleven a poder saldar esas deudas mediante la aceptación, el perdón a ti mismo y a los que consideras seres viles (son maestros de vida), y el olvido con reparos (con reparos porque todo recuerdo deja un aprendizaje; simplemente borra el rencor, pero guarda la experiencia como un aprendizaje de vida).

Conocerás tu programa mediante algunas vías; puede ser con la práctica de la meditación o por circunstancias que el universo te va presentando siempre –lamentablemente, no siempre prestamos la atención necesaria– a través del acceso, si es posible, a vidas pasadas, sin que eso distorsione la realidad y la vida por la que debes pasar en esta nueva oportunidad. Hay quien dice que, si recordásemos todas nuestras vidas, nos horrorizaríamos tanto de ver todo lo que hemos sido capaces de hacer que nos quedaríamos inmóviles y no seríamos capaces mediante nuestra comprensión humana de poder asimilar que aquello que pasó tuvo su razón y que lo acontecido ha servido para dejar un aprendizaje que, al fin y al cabo, es nuestra manera de devolverle a Dios o al universo las gracias por permitirnos experimentar por él y contarle lo increíble que puede llegar a ser el devenir terrenal.

Cuando uno se hace estas preguntas, ha llegado el momento de cuestionar que todo pasa por algo y que no solo se trata de nacer, crecer y morir; debe haber algo más a lo que estamos destinados. Yo contaba en un libro anterior cómo fue mi infancia y situaciones que me fueron sucediendo en ella, las explico como experiencias de crecimiento. Estas me han permitido ser la persona que se encuentra hoy contando o intentando explicar los conocimientos adquiridos durante mucho tiempo para que así les podamos sacar sabiduría de otros conocimientos.

En mi vida creo que me ha pasado como a la mayoría de las personas: te van contando cosas en la escuela, en la universidad, en la sociedad que, al fin y al cabo, interiorizas y crees que es eso lo que debemos hacer. Hay momentos de tristeza que cada vez están más de moda y que pueden llevar a una depresión. Esto normalmente sucede porque no queremos (digo *queremos* porque lo he intentado con algunos que, si no tienen la mente un poco abierta, directamente piensan que les estás contando una mentira o una locura y pasan de tus recomendaciones) o porque no podemos inconscientemente despertarnos de la falsa realidad en la que vivimos y porque, si hay alguna medicación que toman y que provoca subidones de dopamina, les hace pensar que su grado perpetuo de felicidad con la vida que lleva actualmente es posible.

Lamentablemente, la situación no suele funcionar de esta manera, ya que hay personas que puedan caer en costumbres de sobremedicarse o simplemente la raíz del problema siga estando ahí.

La raíz del problema es lo que hemos aprendido, el miedo que tenemos en nuestro cuerpo enseñado desde que nacemos y los límites que nos ponen a acciones anteriormente naturales, diciéndonos que, si no se hacen las cosas descritas por la sociedad, nos va a ir muy mal en nuestro futuro. La sociedad moderna no nos está permitiendo desarrollarnos. Además del conocimiento, que estoy de acuerdo en que debemos tener sobre física, arte, matemáticas, ciencias naturales y sociales, deberíamos aprender del conocimiento de nuestro ser interior, conocernos realmente como seres espirituales, que estamos teniendo una experiencia humana y que no somos humanos teniendo experiencias espirituales. Esta acepción comúnmente escuchada es creída por muchos, pensando que el cuerpo físico debe ser eterno.

El espíritu, para poder estar dentro de nosotros mediante nuestra alma, ha apartado, además de sus conocimientos, multitud de habilidades que en este plano no son posibles. A un niño esa objeción no se le va a presentar, pero, cuando sea mayor y esté inmerso en un trabajo de 10 horas diarias con un sueldo, llegue a casa, duerma y al día siguiente empiece nuevamente, ahí sí que va a necesitar echar de menos las habilidades que, al igual que la memoria, no cabían ni eran aptas en estos cuerpos de humanos tan fabulosos que poseemos.

Deberemos dejar salir todo lo que no nos sirva tanto de nuestra mente como de nuestros hogares, hacer un *lay in* y un *lay out*, para que lo que no nos sirva pueda ser utilizado por otros que lo necesiten y a nosotros nos lleguen otras cosas o situaciones cotidianas a aprender que permitan nuestro crecimiento espiritual y aparición de circunstancias innovadoras que, sin saberlo, nos estarían permitiendo cumplir aceleradamente el propósito que tengamos en nuestra existencia.

EQUILIBRIO INDIVIDUAL

La mayoría de los autores y algunas creencias emplean la palabra karma para definir un ciclo del que necesariamente debemos salir para poder trascender y evitar repetir y repetir situaciones de esto que yo suelo llamar sueño. Estamos aquí para aprender y experimentar, pero debemos experimentar todo tipo de pruebas, ya que, aunque suene extraño, deberemos adquirir el entendimiento de todo y así saber la contrapartida de cada cosa que exista en dualidad; pero siempre deberemos dejar la cuenta con un saldo igual a cero o positivo. Cuando hablo de cuenta igual a cero, me refiero al equilibrio, por otros llamados karma o por otros reparaciones o tikun. Hay cosas que es necesario que pueda nombrar para aquellos que no conozcan la temática acerca de este contador a cero.

Este equilibrio se rige por unos preceptos:

La ley de la causa y el efecto. Cuando empecé a leer, indagar y estudiar sobre estos temas, me acordé de las leyes de Newton, y esto hizo que esta ley fuera una de las primeras que interiorizara, ya que es lógica. Lo que nosotros provoquemos volverá a nosotros con la misma intensidad, sea bueno o malo.

La ley de responsabilidad. Deberemos ser capaces de identificar lo que empieza y acaba con nosotros. Si hemos hecho algo y no les gusta a los otros, no pasa nada, lo decimos y somos sinceros. Es nuestra responsabilidad hacernos cargo de nuestros actos, las consecuencias serán siempre peores si ocultamos nuestra responsabilidad.

La ley de la creación. Seremos nosotros los realmente responsables de que las cosas que queramos sucedan; por eso tenemos que hacer que las mismas ocurran.

La ley del enfoque. Deberemos solamente ocupar nuestra mente con lo importante, no sobrepensemos ni nos retroalimentemos mentalmente con lo que no es importante para nosotros. Enfoquemos nuestra lente en cosas que realmente deseemos lograr y retiremos el mismo de las cosas que nos hacen perder energía.

La ley de la humildad. Debemos saber aceptar las cosas. Lo que nos ocurre en nuestra vida no deberemos calificarlo como justo o injusto, simplemente ha sucedido. No vale la pena perder energía en intentar juzgar el que haya sucedido o no, acéptalo y se hará más fácil. Muchas veces nos cuesta entender por qué sucede algo, pero creedme, todo lo hemos escrito y todo pasa por algo. Hay algún aprendizaje detrás que en ese momento no somos capaces de entender, pero en un futuro desvelará el motivo. Debemos aceptar todo como es, todo es perfecto según como se mire. Si nos enfocamos en buscar la perfección, encontraremos muchas veces las falsas expectativas y la frustración de lo que es injusto. Así que mejor aceptemos las cosas como vienen.

La ley del crecimiento. Esta ley suelo transmitirla explicando que, si nosotros evolucionamos y hacemos que nuestro interior crezca, las cosas que pasan en nuestro entorno terminarán tarde o temprano evolucionando, al igual que nosotros hemos evolucionado o crecido internamente. Si cambiamos nosotros, tened por seguro que nuestras vidas cambiarán.

La ley de la conexión. El pasado, el presente y el futuro están interconectados. Todo lo que hagamos en un momento estará conectado ineludiblemente con otro.

La ley de la generosidad. Debemos tener como precepto que nuestro comportamiento debe ser igual al que quisiéramos para nosotros. Tanto el comportamiento como el pensamiento y las acciones deben estar en equilibrio.

La ley del aquí y ahora. Esta ley cobra mucha importancia en el mundo actual. Muchos viven anclados en lo que pudo ser y no fue, y en lo que vendrá y no sabemos qué será. Este es el origen de la depresión por estar anclados en el pasado y de la ansiedad por estar preocupados por cosas que aún no han sucedido.

La ley del cambio. Deberemos aprender y cambiar nuestras acciones según sus resultados. Si no queremos que se repitan una y otra vez hasta que aprendamos, deberemos cambiar los mismos.

La ley de la paciencia y la recompensa. No hay objetivos inalcanzables, simplemente las cosas que queremos pueden necesitar tiempo en realizarlas, y toda perseverancia con un enfoque positivo tiene un resultado positivo.

La ley de importancia e inspiración. Deberás darle importancia al objetivo que te propongas de lo que sea importante para ti e invertir tiempo y esfuerzo personal para que el mismo suceda.

Estos preceptos que os he descrito anteriormente están descritos y explicados con mayor profundidad en muchos libros, ensayos y en filosofías en concreto. Todas estas leyes están interconectadas en el crecimiento del ser como individuo desde su interior. Si leemos la explicación de cada una de ellas expuesta por mí, entenderemos que lo que mueve todo es el amor. Si nos amamos, creceremos interiormente y amaremos a las personas y nuestros deseos serán plasmados y llevados a consecución, de tal manera que mentalmente nuestro pensamiento creará lo positivo que realmente queremos que aparezca y tome relevancia en nuestra vida.

Nos exigiremos ser capaces de poner nuestro contador a cero en cuanto a saldo pendiente, y solo lo vamos a poder hacer sabiendo quiénes somos y cuál es nuestro programa de vida. Empecemos por detectar en nuestra vida actual cuáles son las circunstancias que nos desagradan y qué efecto tienen en nosotros, apuntémoslas y fijemos nuestro objetivo en intentar cambiarlas. Cuando cambiemos cosas que no nos gustan y eliminemos cosas que nos sobran, estaremos permitiendo que en nuestra vida aparezcan cosas que tal vez estaban esperando el momento que nosotros nos resistíamos a dar para que las mismas apareciesen. Soy repetitivo muchas veces, pero este libro, y más en estos últimos tiempos, lo redacto como un resumen que quisiera que se convirtiera en un manual que el mundo entendiese y que practicara en su realidad. La vida está interconectada entre todos y lo que nosotros hagamos o dejemos de hacer causará un efecto en el devenir de todos los sucesos que tal vez tengamos en nuestro programa y nos resistamos a despertar conciencia y saber que la vida, aunque con muchas fases, en este plano actual se basa en aprender lo que nos rodea usando nuestras sensaciones y sentimientos, sabiendo hacer uso correcto de los mismos, no dejándonos apabullar por emociones erróneas ni por sensaciones perseguidas. Aprovechemos el presente y el ahora, y de cada sensación y experiencia vivida saquemos un aprendizaje, haciendo el bien sin mirar a qué o a quién se lo hagamos, y vivamos en paz interior con nosotros, perdonándonos, amándonos y aceptando que no todo es ni será justo, simplemente es perfecto porque ese acontecimiento va a ser el desencadenante de otro, y ese, de otro. En vez de vivir en automático o vivir quejándonos, disfrutásemos de ver lo que sucede y aprendiéramos de lo que ese suceso nos va a traer porque así lo hemos plasmado con emoción y deseado que suceda, seamos espectadores con un saldo a nuestro favor y con el universo mimándonos por experimentar de una forma fluida. No hagamos de nuestra vida un drama, los dramas pasan varias veces en la vida. Simplemente no nos apeguemos a ellos, aceptémoslos.

Yo he pasado más de 40 años siendo miembro de una familia, de los cuales unos 20 los pasé en una sociedad foránea que no era la mía, compartiendo con mis seres queridos lejanos de poco en poco. Cuando el tiempo presente continuo siguió corriendo, me encontré con que la vida idílica que había diseñado desde un punto de vista terrenal no iba a ser posible por situaciones del destino (no creo en las casualidades, básicamente porque no existen, todo está escrito por nosotros) o sincronías. Volví a forjarme en lo que mi mente siempre tenía grabado, mi corazón había sentido pasión continua por ese pensamiento y mi visualización de los logros siempre era el empezar y el terminar de mis días. Eso ha hecho que hoy día pueda tener una formación y una posición que desde el punto de vista egoísta humano es envidiable. Para el que como yo use el amor incondicional, significaría: lo que con amor luchas con amor consigues y más tendrás para crecer en amor.

En estos últimos años, me separé de mi lado más espiritual y me dediqué nuevamente a vivir en automático, permitiendo que el verbo de manera inconsciente consiguiera lo que yo quería generar junto con mis pensamientos, pero quiero ser diferente a otros libros que te dan la enseñanza para ser ricos, ya que se puede ser rico, pero no debemos olvidarnos nunca de nuestro amor propio, de alimentar ese ser que está dentro de este cuerpo físico, y comprender que, cuando somos adultos y tenemos miedo, estamos teniendo falta de amor incondicional hacia nosotros mismos. Llegará un momento como les pasa a muchos artistas que lo tienen todo, que se sentirán vacíos, y es porque no descubrieron su programa de vida o lo han hecho tarde sin tener la consciencia despierta de quiénes eran.

Una frase muy valiosa es aquella que reza que el tiempo es oro, y así es. Emplea el tiempo en conseguir lo que quieres unido de la mano espiritual que te siga manteniendo soldada esa mano al martillo forjador de tu programa de vida. He dedicado muchísimos años de mi vida volcado en intentar hacer felices a trabajadores que al final seguían inconformes, a reunirme con personas que solamente querían pasar un rato para hacer de la crítica un pasatiempo estupendo para ellos. He pasado tiempo ganando dinero para poder proveer a los míos de todo lo que materialmente fuera posible y no me acordé de mí. El resto de las personas pensaron que yo iba a estar siempre ahí surtiéndoles de sus necesidades, pero las mías empezaron a agrandarse con mi despertar de conciencia, el cual duele, y mucho, porque despertarte para darte cuenta de que debemos hacer algo diferente para que entre todos nos ayudemos y amemos es urgente, porque el propósito o programa de vida que cada uno tenga es necesario cada vez más.

Me considero una persona moralista. La moral siempre me ha llevado a decidirme por caminos que tal vez no fueran los más cortos, pero los que sí me hacían saber de corazón que mi intuición y mi saldo seguían al menos en algunos momentos creciendo a mi favor o continuando a cero a nivel de equilibrio. Nací, y vuelvo a repetir lo contado en otro relato escrito por mí, en una familia católica. Si me preguntan abiertamente, me considero hoy día con ganas de buscar y convertir conocimientos en sabiduría. Lo que se transmite en ciertas religiones simplemente por situaciones lamentablemente lógicas, cada humano las ha entendido como le ha resultado más fácil según el momento de la historia en la que se encontraba.

Con mi moral, sabía que había un bien que era necesario para mover el mundo, aunque a mi alrededor había veces que solo veía lo contrario. El dolor de venir con un olvido es, además de tener que empezar a descubrir todo, saber aprender lo correcto. Las situaciones de la vida de cada uno de nosotros están ya pactadas entre cada uno de nosotros como protagonistas de nuestras vidas, y que así aprovechemos para aprender de ellas conociendo las dos caras de cada moneda. Si somos capaces de ayudarnos a despertar en conjunto, podremos al final lograr un bien común satisfactorio yendo juntos de la mano sin prejuicios, ayudando al que lo necesite; pero para eso deberemos despertar y empezar a recordar lo que nuestra alma ha tenido olvidado ayudándonos de otros que hemos ido recordando quiénes somos y cuál es el propósito para el que estamos aquí.

EQUILIBRIO COLECTIVO

Al momento de saber que venimos nuevamente a este plano a experimentar las cosas que nos quedaron pendientes o para terminar de ayudar a ciertas cosas sin necesidad de tener que saldar karma o hacer un tikun (esto es algo un poco profundo que os confundiría un poco más), nosotros escogemos y seleccionamos todo, por supuesto, con gran ayuda espiritual. Antes de volver a plantearnos a volver, debemos estar preparados; para eso somos sanados por decirlo de alguna manera. En ningún momento somos juzgados, nosotros mismos somos nuestros jueces. Hemos sido capaces, una vez pasado el umbral de la muerte, de ver todos nuestros aciertos y los que pudieron ser más desacertados. Nosotros, sin que nadie nos diga nada, sabremos que tenemos deudas pendientes que saldar con una persona, con una familia o incluso con colectivos más grandes como ciudades, países. Una vez que hayamos sido sanados con esa ayuda espiritual, decidimos cómo vamos a querer esta nueva experiencia. Hay caminos largos y cortos como os explicaba en párrafos anteriores; también hay momentos en que simplemente decides venir a pasar la vida de ensueño que quieres sin mirar más allá, dejando para otras vidas el saldo que continúas debiendo. Cuando diseñas este camino, pones personas a tu alrededor que son grupos de almas afines; esto quiere decir que llevas vidas trabajando y creciendo en conjunto. Os pondréis de acuerdo en el papel que tendrá cada uno y crearéis patrones en cuyo núcleo vosotros decidiréis si es bueno continuar o no, al igual que os pondréis de acuerdo en cómo resarcir a esa persona por lo que le hiciste en la vida anterior y dejar el saldo a cero. Por eso todo está escrito. No tenemos un hermano conflictivo, es así porque es vuestro pacto y tenemos que tenerlo. Lo tenemos porque seguramente en una vida anterior fuiste tú el hermano conflictivo y ahora le toca a él serlo para que tú lo experimentes y así poner vuestro contador a cero. Pero debemos tener en cuenta algo: el contador se pondrá a cero siempre que perdones y aceptes la aptitud que estás recibiendo. No juzgues, no lo destierres, solamente trátalo como te gustaría que te trataran a ti mismo, ya que de otra forma no estarás aprendiendo la lección y tendrías que repetirla. Si para ti es insoportable, ámale. Llegará un momento en que tu vida se convertirá en esta nueva dinámica. No quiere decir que te convertirás en alguien que vaya siendo un ser al que todo le da igual, simplemente comprenderás que esa persona es así y que lo importante es tu interior, y que, cuando tu interior está bien, el exterior, aunque no cambie, lo vas a ver con otra perspectiva. Aunque te confirmo que, al cambiar o entender quién eres y sanar lo que llevas dentro, lo de afuera va a igualarse tarde o temprano. Recordemos algo que intento transmitir: no tratemos de hacer que la gente piense o actúe como quisiéramos que lo hiciese, porque no lo harán, así no funcionan las cosas. Los problemas al final son situaciones mal gestionadas por nosotros mismos. Las personas cambiarán por situaciones propias, no porque tú les quieras hacer ver las cosas de otra manera o para que cambien a una forma que a ti te agrade más y mejor.

Por lo tanto, ya sabemos que tenemos deudas propias para llegar al equilibrio. Me gusta llamarlo más así que karma, porque la cultura actual ha hecho entender que karma es castigo, y esto no es del todo correcto. El karma es buscar que todo vuelva al equilibrio del comienzo; si se hizo un daño, resarcirlo; si se hizo un bien, lo recibirás también, ya que el equilibrio es la manera natural de poder salir de este ciclo de vidas que no son más que experiencias que buscamos nosotros mismos para crecer, puesto que, como espíritus superiores que somos, no se pueden aprender cosas que solo se viven aquí en este planeta.

Cuando hay situaciones de desequilibrio que se repiten, hay que buscar la causa. Muchas veces en una familia, siempre por poner un ejemplo, hay un hermano o padre/madre agresivo/a. Este hermano con esta actitud tendrá algún hijo que cumpla ese patrón de agresividad, o, llamémoslo, más positivamente, no son tan afectuosos como nos gustaría que lo fuesen. Si en nuestro entorno nos encontramos con situaciones de patrones que se repiten, debemos analizar la causa y cortarlos; de otra manera seguiremos teniendo que venir y venir hasta que ese ciclo termine, ya que el equilibrio en esas futuras generaciones está descompensado, pues tal vez tengamos que ser nosotros, aunque no nos nazca realizarlo al principio, quienes abracemos al que falta al respeto. Tendremos que decir alguna vez que no al ser barberos, por poner un ejemplo, si la barbería es un centro que al final promueve estos ciclos. Puede haber infinidad de situaciones, pero en muchos libros o ensayos o guías actualmente lo están llamando convertirse en la oveja negra de la familia y poder romper los ciclos que eran tóxicos y que no permitían continuar la senda del crecimiento a nivel grupal y eliminar situaciones que eran producidas en un entorno compartido.

En las ciudades o países es más complicado. Muchos desde la inconsciencia decimos: «Es que no es justo». Lo es, claro que lo es. Nosotros hemos decidido dónde y con quién nacer. Si un país hace guerra con otros sin motivo, aunque tú no participes en la guerra, acarrearás desequilibrio y saldo negativo por estar envuelto en tragedias. Tú dirás: «Pero yo no lancé el cohete». No, pero tu padre o tu hermano o tu primo son trabajadores del metal, ese metal sirve para hacer latas para comida de raciones de guerra o simplemente tus familiares votaron a quien en un futuro se convirtió en un dictador. Es duro de creer y de asimilar, pero es así. En este caso no nos preocupemos, hagamos siempre buenas acciones, repartamos amor, curemos víctimas desinteresadamente, ayudemos en otras tragedias, y con caridad de la buena y buenas acciones todo saldo siempre volverá a ser positivo. El desequilibrio no siempre se salda de la misma forma en la que hiciste que el saldo estuviera en tu contra. Primero, acepta, perdona, olvida recordando lo aprendido, y luego busca la solución, o bien, si puedes resarcir lo hecho, hazlo; y si ya no es posible, haz cuantas buenas acciones seas capaz de hacer y ayuda en caridad de la buena que terminan distribuyendo fondos que van destinados para los necesitados realmente.

Este libro es como intentar aglomerar las cosas que todos sabemos de ser buenos con otros y el hacer las cosas que nos gustaría que nos hicieran, y todo lo relacionado con el amor incondicional, pero desde la perspectiva de que entendamos que de esto realmente trata la vida. Los milagros suceden cuando realmente el amor mueve la intención de los corazones y no cuando simplemente te pones a rezar a cinco mil palabras por minuto sin ni siquiera sentir la emoción ni la visualización de esas palabras. La fe es creer, pensar, visualizar la acción con un amor tal que, como ya os expliqué, es capaz de transformar y crear el entorno en el que habitas; eso sí, hazlo siempre, no esperes un resultado interesado en un momento circunstancial. Cuídate y actúa en el sendero de la vida amorosa que deseas y, si hay algo sobrevenido que te vaya a afectar, porque así está escrito que deba pasar para tu aprendizaje, cámbialo con el saldo positivo que tendrás por tus acciones buenas hechas a diario movidas con ese amor que repartes con tus acciones desinteresadas.

Difundamos que lo primero es nuestra autobservación; evitemos cuestionarnos cosas que son objetivamente obvias, como el hecho de que amar incondicionalmente empezando por ti y repartir ese amor es algo bueno, ya que muchas veces empiezan los dogmas instaurados y los egos a querer que continuemos por la senda por la que estamos yendo, para seguir y seguir y no lograr que más personas puedan evolucionar, ser buenas entre ellas y saldar todo y dejar tu cuenta más bien en positivo. Aprovecha cada instante en que te den las gracias por algo y no se te ocurra decir «de nada». Siempre enriquece ese momento devolviendo la gratitud para que la nube de dicha gratitud inunde todo. Si dices «gracias a ti», o «para lo que necesites», o «es un placer», harás que esas gracias que te han dado no vayan a la basura y ayuden a poner ese contador en positivo y que vayan aumentando cada vez más esas acciones y esa caridad que todos deberíamos hacer por nosotros mismos sin referirnos en exclusiva a lo económico.

EL DOLOR DEL DESPERTAR

El despertar para mí es ser conscientes de lo que venimos a hacer en este mundo y de empezar a crear recuerdos nuevos en nuestra alma o recordemos aquellos que podamos, si tenemos la oportunidad. Nunca desaprovechemos el volver a acordarnos mediante los recuerdos de otros que han tenido la oportunidad de ir saliendo del sueño y que hemos puesto en nuestras vidas para que nos ayuden en nuestro proceso. Si obviamos estas oportunidades y dejamos pasar a personas llamémoslas avanzadas, tendremos que esperar a que vuelvan a aparecer las mismas u otras que, al fin y al cabo, nos tendrán que dar la mano cuando necesitemos que alguien nos quite del camino que nos seguiría llevando a volver a empezar la experiencia que no hemos aprendido correctamente.

Pareciera mentira que un despertar duela. Si buscamos analogía en nuestro despabilar habitual, después de nuestro sueño diario, a no ser que algo nos esté sucediendo con relación a alguna enfermedad, este despertar suele ser reparador y solemos levantarnos descansados, con energías renovadas y con ganas de poder realizar nuestras tareas con un sueño que ha sido estupendo y necesario para recargar las pilas.

Volviendo al inicio del párrafo anterior, el despertar espiritual duele, y mucho. En ese proceso, por más que intentes evitar pensar en él, ya es algo que tu ser asimila. Puedes intentar dormirte otra vez, pero, si está en ti el estar despierto, vas a volver a despertarte. Hace más de 25 años decidí, después de tener cierta noción del despertar espiritual, seguir disfrutando y aprendiendo a base de experiencias en este terreno que escogimos. Estas experiencias fueron necesarias porque me conformaron como persona, decidí plenamente vivir como un humano más, pero siempre tenía la percepción de que había algo que la verdad escondía y siempre de alguna manera empleaba cosas que había aprendido en mi vida semidormida. En ese momento realmente decidí no pasar por el despertar y el dolor que este conlleva, simplemente preferí dormir y poner el modo automático, ya que aparentemente era más llevadera esta forma de vivir la vida.

Como estaba en mí el volver a despertarme, la vida me llevó a tener que despertar sí o sí. Es verdad que podía decidir seguir atribuyendo las circunstancias o situaciones que me sucedían a terceros o al azar, pero ya no toleraba el hecho de seguir pasando por circunstancias que se repetían y repetían, y no sabía el porqué. En este proceso de decidir que todo pasa por algo y no hay nada al azar, empiezan a suceder cosas, primero en tu interior, que son realmente abrumadoras. Tienes que tener un aplomo suficiente para no venirte abajo y decidir al final volverte a dormir y seguir viviendo en automático, aunque eso conllevase el repetir y repetir las cosas que no estás aprendiendo, ya que estás convencido completamente de que había algo que realmente no encajaba y había que cambiar en tu vida.

Las cosas que primero te chocan son las creencias o engramas que hayas podido ir acumulando a lo largo de años de trayectoria vividos. Empiezas a cuestionar todo, intentas buscar fuera lo que no entiendes o más bien no quieres entender, te relees versículos de las escrituras de ciertos profetas, te intentas hacer sentir culpable por lo que estás pasando y cuestionarte si lo que ves al despertar es cierto o no. La verdad es que sientes como si te estuvieras volviendo loco o perdiendo la cabeza, ves a todo el mundo seguir con su vida y contándote las cosas o sufriéndolas, y les intentas hacer ver que no es así, incautos de nosotros, que intentamos apurar el despertar de quien no está preparado para estarlo. Buscando analogías con las que los que me estáis leyendo y que podáis sentiros identificados, me permito el nombrar la película Matrix, donde al final su protagonista tiene que decidir si escoge el saber qué es lo que realmente pasa o seguir dormido por una realidad que, aunque muy realista, al final es solo programada. Cuando decides despertar, pasas por atribulaciones que te llevan a cuestionar en algún momento si no era mejor el seguir dormido que el estar despierto; incluso empiezas a cuestionarte y dudar de ti mismo infinidad de veces, luchando con lo que para ti va a ser muy difícil, como tu ego, tus miedos o incluso la falta de conocimiento de algunas cosas; y de ahí que te intereses por querer conocer y borrar rastros de ignorancia de algunos temas que también te ayudarán a combatir miedos propios que nos han ido creando desde que nacimos en nuestro entorno.

Tus relaciones personales empiezan a ser mucho más selectivas, intentas buscar o aprender de temas que te eran desconocidos; sin embargo, sabías de manera intuitiva que tenía que haber algo más allá que lo que estabas viviendo. Tus amigos empiezan a alejarse, simplemente ya no vibráis igual; por lo tanto, sus intereses ya no son iguales a los tuyos. Eso duele, y mucho, porque hay personas con las que has compartido muchas experiencias que para ti han sido aprendizaje y en su momento fue del bueno, pero terminas aceptando que es un precio que hay que pagar por no seguir dormido, y que hay personas que pasarán por tu vida, algunas se quedarán para siempre y otras solo durarán un tiempo. Debes pasar por una fase de duelo, donde el perder a personas que significaban algo y con las que ahora directamente no tienes relación es difícil, pero también sabes que, aunque intentes que todo volviera a ser igual, no podría serlo. Esas personas normalmente te intentarán invalidar. La fortaleza en esos momentos nos hace ver que ese proceso de duelo es parecido a la desaparición de un ser querido de la vida terrenal. Debes aceptar y soltar. Algunas de estas personas que formaban parte de tu entorno podrían incluso decirte que estás perdiendo la cabeza o estás mentalmente inestable, incluso llegando a odiarte sin ninguna razón que para ti sea aparente. Tendrás miedo, pero, si tienes suficiente amor incondicional hacia tu persona, el temor no podrá ganar y así no caer en una tristeza que no tiene explicación. Simplemente es normal que vuelvas a echar de menos lo que conocías como normal y que intentes centrarte en que las respuestas a todo serán encontradas cuando dejes de buscarlas en tu entorno y lo hagas en ti mismo. Cuanto más pegado mentalmente te quedes a una situación, más poder le darás y más energía perderás, por lo que puedes pasar por momentos donde tu mente te juegue malas pasadas y empieces a sobrepensar, y de ahí el ir creando cada vez más consciencia de que lo que dejas atrás era un sueño y tienes que enfrentarte a que ha sonado el despertador y tienes que ponerte en pie para trabajar en lo que realmente importa, que eres tú y el plan de vida o programa que tenías escrito antes de venir. Esto logrará que lo que digan de ti realmente no te afecte para nada.

Empezarás a tener hábitos que otras personas podrán considerar raros. Buscarás momentos de soledad, donde necesites estar solo para poder observarte y crecer hacia adentro para poder ir creciendo hacia fuera. Cuanto mejor estés interiormente, te sentirás con esa fuerza que le dé un nuevo aire a tu nueva normalidad, que pasa por aceptar y no juzgar, por alejar de ti todo lo que te incomoda o rechaces como negativo, porque simplemente querrás sentirte bien y empezar a dedicarte a ir quemando fases que te ayudarán a que tu ser realmente trascienda o haga lo que tiene que hacer y rompa lazos/cadenas de lo que no tienes que hacer para romper patrones individuales o colectivos que te ataban a esa realidad que has dejado atrás y por la que, llegado el momento, no querrás volver a pasar.

De repente, vas a empezar a ponerte en los pies de los demás; así sabrás que no deberás hacer pasar por cosas que no te gusten para ti a los demás. Esto lo harás inconscientemente, ya que tu nivel de despertar te llevará a ver a los demás como a un todo; esto incluso con los animales, los cuales podrán empezar a gustarte más y tú a ellos. Buscarás, además de sitios solos y apartados, estar en contacto con la naturaleza, teniendo una necesidad de estar en contacto de alguna manera, así sea respirando con los árboles un momento con espacios naturales. Una manera de poder despertar y ayudar a curar el dolor que se siente al salir de este estado es intentar tomar baños con más frecuencia y, si te es posible, poner los pies descalzos en la tierra; de esta forma, tu cuerpo se conectará con iones que ayudarán con tu proceso de dolor y te darán energía para saber que vas por buen camino.

Llegará un momento de normalización, donde ese dolor que sentías por dejar cosas con las que estabas a gusto y sentías apego por ellas simplemente pase. Aceptarás, perdonarás, darás gracias y aprenderás a vivir sabiendo que lo más importante es el amor incondicional. En este momento, ya el amor hacia ti empezará a afectar a la forma en la que creas tu nuevo alrededor.

NUESTRO EGO

La acción de estar nuevamente con este lienzo que empieza a llenarse o está llenándose con palabras que fluyen de mi interior es algo que no tenía planteado realizar a corto plazo. Mas hay en mi interior una intuición que me empuja a seguir escribiendo palabras que resuenan a modo de pensamientos que cobran forma a la vez que los voy escribiendo sin emplear mucho esfuerzo en ello.

Hay una palabra que para mí desde no hace mucho tiene una fuerza y que realmente quiero compartir. Esta palabra es *osar*. Si queremos suscitar, manifestar, plasmar, ver, descubrir, materializar, entender y comprender lo que nos rodea, debemos ser osados. Con esto me refiero a que la osadía va a permitir atrevernos a ir más allá.

En el mundo que nos rodea, nosotros somos individuos que vemos cada cosa según nosotros creamos qué está sucediendo. Hay veces que nos quedamos pegados e insistimos en quedarnos observando o pensando cosas que no entendemos, o más bien, aunque las entendamos, no estamos a gusto con lo que nos están dejando como significado y las acomodamos a modo de que encajen en nuestras creencias, valores, o simplemente que den satisfacción o que no molesten a nuestro famoso ego.

Es curioso saber que, cuando a una persona se le habla del ego, casi todas niegan o les rechina el hecho de que se les diga que este ha salido a la luz. Ven directamente según su perspectiva que es algo malo. Perdonad por empezar y soltar la frase de que lo bueno y lo malo son dos caras diferentes de una misma moneda y que volvemos a lo que estoy intentando definir mediante párrafos descriptivos que definan lo que conforma la verdad de por qué existen diferentes perspectivas según quién lo esté experimentando.

El ego ni es bueno ni es malo, es simplemente eso, ego. Para algunos, es un mecanismo de defensa y para otros simplemente es la forma que tienen de darse a conocer en ciertas circunstancias de su cotidianidad. Incluso este concepto no es algo exacto, es algo moldeable según la circunstancia que nos afecte. Hemos sido capaces, desde que nuestra mente empieza a guardar y generar engramas, de modelar ese caparazón que reviste nuestro yo interior intentando quitarle la translucidez de nuestro ser y recubrirlo de opacidad. Esto sucede una vez que nacemos y nos damos cuenta de que debemos aprender de nuevo algo que nuestra alma, al volver a venir a este plano, ha tenido que olvidar; por lo tanto, nosotros nos hemos tenido que defender aprendiendo de la mejor forma que hemos podido mediante el entorno que hayamos decidido que nos rodee; es decir, es más fácil para una persona que tiene un entorno que comprende quiénes somos que un círculo que te enseñará a compartir sus temores y que, sin quererlo, te limitará o al menos retrasará el hecho de que despiertes y recuerdes un poquito el hecho de que estar en este mundo no es casual y mucho menos la vida que tú has venido a desarrollar en él.

Si buscamos el significado que los lingüistas han dado a la palabra *ego*, lo definen como sinónimo de *yo*, y nos vamos a encontrar con el hecho de que es una palabra que se usa para definir psicológicamente el hecho que permite a un individuo el reconocer su personalidad y, por ende, a sí mismo.

Este significado es para mí muy incompleto a modo de definir lo que espiritualmente quiere expresar. El hecho de que una persona pueda definirse a sí misma y su personalidad es tan complicado como pedir que, por favor, se describa y nos diga cómo es alguien al que le hagamos el cuestionamiento de que se autodefina y nos diga exactamente su personalidad. Esto no voy a decir que es imposible, pero sí que tendría que existir un conocimiento muy profundo por parte de esa persona de su ser para que pueda nombrar, describir y ejemplificar cada uno de los matices que emplea su ser en su día a día frente a toda la infinidad de situaciones que se le van a presentar en toda su vida. Esto es realmente una hazaña difícil de cumplir, ya que incluso habrá situaciones que a una persona ni se le hayan presentado y no sabrán definir su personalidad ante esa posibilidad. Hay personas que, simplemente ante una situación que las desborda, una primera vez salen corriendo. Seguramente al llegar a casa, o por la noche, revisen lo sucedido y conformen un nuevo patrón de su personalidad que les permita defenderse ante esta nueva experiencia para la cual no tenían respuesta, para que, si en algún futuro se le presentara en otra ocasión, pudieran poner en práctica este método planificado mentalmente.

No quiero empezar de una manera que os vaya confundiendo, sino aclarando y simplificando. Nosotros venimos desnudos a este mundo literalmente, y nuestra personalidad viene tal cual, desnuda. A medida que vamos creciendo y se van presentando situaciones que nos van haciendo crecer, nuestra personalidad se va conformando. Por eso el hecho de decir que no hay nada más inocente que la expresividad que puede tener un niño, que sigue sin tener tapujos o moralismos que le eviten expresar lo que ve o lo que siente. Pues ese niño va perdiendo su inocencia y, a medida qué pruebas se nos presenten, iremos creando una personalidad más *fuerte* o menos *fuerte*. Resalto esta palabra, ya que lo que estamos realmente es creando una adaptación de nuestro yo interior que está puro y desnudo creando una coraza que le permita no sentirse herido en algunas circunstancias o saber cómo actuar en otras. Según esta coraza va engrosándose, normalmente vamos acumulando creencias, que por nosotros están más que validadas, tan validadas que, como nos han funcionado, asimilamos como únicas, sin darnos cuenta de que tal vez nos hacemos arrogantes, nos hacemos soberbios o, por el contrario, nos hacemos humildes o nos hacemos altruistas. O todo esto a la vez, ya que, no solo dependiendo de la situación, sino también de la persona o grupo de personas que tengamos enfrente, nuestra reacción puede ser de una forma u otra.

Amigos míos, el ego es único e individual, no hay dos iguales. Mi ser ha sabido evolucionar tapando su desnudez por intentar adaptarse a un medio que, o bien le pinchaba, o simplemente le incomodaba hacerse ver tal cual era, ya que no encajaba en lo que en la sociedad conocen como *normal*. El ego es un lastre para nuestro yo interior, nos crea una personalidad múltiple según la situación que se presente y nos obliga a comportarnos de distinta forma dependiendo de con quién estemos lidiando o a qué nos estamos enfrentando.

Humanos somos, pero debemos entender que el ser humano es una vestimenta compleja, no solo compuesta de un cuerpo físico, sino envuelto en un manto mental y conformado por capas que hacen que este ser que ha venido a experimentar tal vez sea incapaz de poder ver lo que le rodea, aunque lo tenga enfrente, ya que, según él, ha validado según sus experiencias que su personalidad o ego tiene la razón y no permite mostrar empatía y ponerse a pensar que todo lo que hace algo opaco tapa una luz. Por lo tanto, evita que podamos ver todo más claro a través de esa luz que naturalmente todos traemos en el momento de nuestra concepción y nacimiento, motivo por el cual, cuanto más tiempo pase, mientras este ego desarrolle tácticas validadas para comportarse y hacer de esta vida un entorno que conoce o cree saber defenderse de lo que ya ha experimentado, más le costará o más rehusará saber que hay algo dentro de esa persona que le dice que debe haber algo que existe más allá y que el dolor al despertar, en caso de que se atreva a hacerlo, será mucho mayor. Lo podrá hacer, pero deberá darse cuenta mediante un proceso traumático o doloroso que le suceda en su vida, el que le obligue a tomar la decisión de que no puede seguir viviendo en automático si quiere poder desarrollarse desde un punto de vista que le permita estar bien consigo mismo y, por lo tanto, con su entorno, sabiendo que las experiencias que a partir de ese momento practique podrán empezar a poner el contador de saldo cada vez más en equilibrio y evitar que lo que llamamos *injusto* siga siendo la excusa para no amar a los demás y sobre todo el amor a uno mismo de una manera incondicional.

Cuando espiritualmente alguien es nombrado de una forma destacada, lo denominamos o llamamos *iluminado*. Qué curioso que para nosotros aquel que ha logrado borrar esa opacidad del ego empiece a ser llamado *iluminado*. La iluminación se da cuando somos capaces de ir enfocando la lente de la cámara que va grabando nuestra vida permitiendo que el diafragma se abra y que entre más luz que borre esa opacidad que hemos ido pegando a nuestro ser interior y dejamos salir realmente a ese ser que es perfectamente capaz de comprender la realidad y de dar el peso correcto a cada cosa que vaya sucediendo en su vida, de tal manera que ese peso sea directamente proporcional a la importancia que nuestro ser tenga que dar para que nuestras energías se enfoquen en lo realmente importante. No es otra cosa que ser capaces de ver pasar los trenes que tenemos que coger para llegar y alcanzar lo que nuestro ser ha escrito como propósito de vida incluso antes de estar en este mundo físico y abrumador.

Perspectivas hay muchas dentro de cada persona; entre un grupo de personas, muchas más. Para mí lo que puede ser de un color pálido, otro lo definirá como color pastel, y otro lo definirá como un color poco vívido, pero al final el color no es lo importante y tal vez lo relevante es aquello que estamos viendo. El color simplemente es una característica más con la que definir o lamentablemente juzgar aquello que vemos.

Siempre intento transmitir el que veamos más allá de lo evidente, ya que lo que veo me lo dan mis sentidos y lo que no es visible a simple vista me lo da mi ser, el cual es el que tiene la capacidad de dejar pasar la luz e iluminar aquello que a simple vista es algo simple y está realmente viendo algo que formará parte de algo que trascendentalmente puede afectar un destino, como una piedra en un camino, que alguien ve como una piedra solamente y puede ser el objeto con el que alguien tropiece y le haga enfrentarse a un suelo que le deje marcado para un futuro que ya está escrito en nuestro siempre presente continuo.

La perspectiva que cada uno de nosotros ve a través de esa personalidad que ha ido cubriendo nuestra desnudez hace que les demos ciertos matices a circunstancias en que a veces podemos llegar a pensar si estaremos locos o no, ya que la otra persona que pueda estar viendo lo mismo para nosotros tiene una distorsión de la realidad. La verdad es que hay tantas realidades como perspectivas existan. El concepto de realidad única nos lo hemos creado para intentar llegar o imponer un consenso y catalogar ciertas actitudes o vivencias sobrevenidas que, al habitar en comunidad, intentan dar un poco de orden a lo que podría o no ser un caos. En la sociedad actual, este caos es dominado por el sopor de la mayoría de las personas que realizan sus actividades en un modo automático.

Tenemos una necesidad que nos han ido imponiendo. Esta es el miedo a caerse, el miedo a estar solos, el miedo a la oscuridad, el miedo a que suban los precios, el miedo a caminar solos por la noche, el miedo a los fantasmas, el miedo a lo que vendrá, el miedo, miedo y miedo. Esto, de manera subconsciente, nos lo han enseñado incluso desde que nuestros padres no nos dejaban trepar a un árbol por miedo a que nos rompiéramos un brazo, o «no te vayas a subir ahí, no vaya a ser que te manches», o «es mejor que vayáis acompañados, porque a esas horas a saber». Este miedo, aunque no lo sepamos, es lo que más aglutina esa coraza de capas creadas en nuestro ser que la sociedad llama *personalidad* y yo sin más reconozco como nuestro ego.

Para poder ir desnudando nuestro ser, deberemos ir observando aquellos temores que tenemos y trabajar sobre ellos, ya que la vida que tenemos no puede ser frenada por el miedo a lo que pueda acontecer, ya que, por lo contrario, simplemente nos prohibimos el hecho de experimentar cosas solo por el hecho de que pudiera suceder algo que no estaba prefijado. Qué irónico que, por miedo a sufrir algo, nos prohibamos experimentar y aprender todo aquello a lo que hemos venido a este fabuloso escenario llamado *tierra*.

En el día a día desde que nos levantamos, tenemos, dependiendo de cómo haya descansado nuestro cuerpo, una necesidad de hacer algo. Puede ser desde tener hambre, tener ganas de ir al baño, tener ganas de salir a trabajar, tener ganas de no hacer nada incluso. Pero siempre existe algún <*pero*>. Hay que saber discernir quién quiere hacer esto: ¿es una necesidad fisiológica real?, ¿es comer por ansiedad?, ¿es miedo a quedarte solo y necesitas ir a un sitio concurrido?, ¿es miedo a salir de una zona en la que estás cómodo y simplemente no te apetece mover ni un dedo? Aquí debemos empezar a seguir analizando nuestro ser para poder ir logrando sacar opacidad y dejar traspasar cada vez más luz y ver más allá de lo evidente. El ego juega muy malas pasadas. Podemos asimilar tantos pecados nos han enseñado como una forma de ego encubierta, la soberbia o el hecho de enfadarte por una circunstancia que simplemente hirió tu orgullo (otra parte del ego, porque yo valgo más que cualquiera), la pereza, la gula, la codicia, etc. Seamos capaces de entender que no todo lo que vemos está mostrando lo que realmente debería mostrar, empezando por nuestro entorno, donde vemos caras y no vemos corazones, o vemos cuerpos, pero no conocemos su verdadera esencia. Cuando nos relacionamos con personas, amigos, familiares, estamos conviviendo con un ser que lleva una cubierta que conforma su personalidad, que a la final es con lo que nosotros lidiamos o con quien nosotros nos relacionamos. Pensamos que compartimos con una persona y realmente compartimos con su personalidad, con lo bueno y con lo malo, con lo que ellos han necesitado crearse en su interior para saber defenderse en este plano y en las circunstancias que a cada uno de nosotros nos ha tocado vivir. Por ello, deberemos ser cautos y no caer en pasiones hormonales y saber que nuestro cuerpo, además de ego, tiene hormonas, que nos hacen hacer cosas por impulso, para poder dar ese pasito que nos ayuda a funcionar como especie y ser vivo u orgánico, por decirlo de alguna manera. Decimos que no se suele nunca conocer a una persona del todo, y es cierto, porque, como comentaba, el ego es moldeable y puede salir una faceta de esa coraza a la superficie dependiendo de una situación que anteriormente no se había vivido con esa persona, o simplemente, al pasar los años, aun conviviendo con una persona, esta sigue engrosando su personalidad por su día a día, y se dan situaciones que nunca se plantearon en un hogar, como puede ser un desapego o una infidelidad. Aquí simplemente está saliendo a flote una parte que, o bien estaba latente, o bien al transcurrir del tiempo nuestro ego quiere o necesita saberse deseado y comete ese error de no ver más allá de lo evidente.

FELICIDAD, IMAGINACIÓN Y TU REALIDAD

Actualmente, y de ahí el hecho de que escriba este párrafo dentro de este escrito, es en nuestra forma de concebir la sociedad actual donde, sin darnos cuenta, estamos expuestos a los llamados placeres del consumo, donde, si pagas por algo, puedes conseguir casi lo que desees, pero en el fondo te dan un subidón momentáneo hormonal para luego caer en un hoyo o bajón porque ese estímulo que desencadenó ese chute en tu cerebro ha pasado, y te das cuenta, día tras día, de que te ves obligado a vivir en automático y de que el placer no es la felicidad, por lo que el conseguir esta última se convierte casi en una lucha. Muchos caen en publicidades que inundan por todas partes y que prometen que, comprando o yendo a tal sitio o haciendo tal cosa, conseguirás la felicidad de una manera rápida y fácil, dándose cuenta al final de que lamentablemente la felicidad no es eso y que debemos enfocar el rumbo que queremos darle a nuestra vida. Esto pasa por despertar, ser conscientes, aprender a escuchar tu interior sabiendo estar en silencio contigo mismo y eliminar los miedos impuestos y cambiar la perspectiva del propósito real de la vida que has venido a realizar en este mundo y saber claramente identificar que las sensaciones que nos permite nuestro cuerpo físico forman parte de una herramienta que usa este para experimentar. Pero el solo sentir no va a dar la felicidad que tanto busca la sociedad agobiada por un vacío que la atormenta por una manera de vivir la vida de una manera que no es compatible con nuestra verdadera esencia.

Las personas deben enfocar sus energías en cosas positivas y que llenen su ser, deben rehuir del victimismo y de la negatividad. Si las personas no se enfocan correctamente en conseguir las cosas que se proponen desde lo mínimo a lo máximo, sabiendo que venimos a lo que venimos, y solo se fijan en sus fracasos o se vuelven victimistas de sus no logros, los fracasos abundarán y la felicidad será compensada con placeres que no tienen nada que ver con lo que esta vida permite a nuestra esencia crecer felizmente gracias a los momentos valiosos desaprovechados. Huyamos siempre del victimismo. No podremos ayudar a una persona que siempre intenta ir hacia el fondo buscando victimizarse y pensar en lo negativo de manera inconsciente, aunque sea doloroso. Esto nunca será posible; si queréis, podéis intentarlo, pero terminaréis como ellos. Intentad aconsejarlos y, si veis que no reaccionan, no lo sigáis intentando y alejaos, ya que al contrario sí es posible: una persona motivada y positiva con buena actitud en la vida, si es inculcada por un victimista de manera continua y diaria, y que solo piensa negativamente, terminará cayendo en la misma negatividad que esa persona. Esto es así porque el negativismo y el victimismo siempre acarrearán sufrimiento y, por lo tanto, en ese momento la persona se encuentra en un nivel tan bajo a nivel espiritual que será incapaz de escuchar y su energía aprovechará cualquiera de nuestras debilidades para ir llevándonos al mismo nivel que ellos. Si somos positivos seamos de los que somos capaces de ver un tropiezo y sacar de él una oportunidad de crecer, experimentar y ver lleno de gozo la esencia sin pensar que lo material va a suplir lo que tu mente confunde con el placer. Miles de perspectivas, visión única. Empecemos por el aprender a no juzgar las actitudes que veamos. No juzgues nada así te rechinen, ya que, según juzgues, podrás ser juzgado, porque por devenires podrás caer en la misma situación que actualmente estás criticando. Otra clave importante es saber conectar contigo mismo, pero con tu verdadero ser. Eso cuesta en la sociedad actual, que nos enseña a vivir frenéticamente. Como ya he comentado en párrafos anteriores, solo hace falta despejar el ego, quitarnos las nubes de nuestro pensamiento y dejar que sea nuestra verdadera esencia que fluye por nosotros la que nos guíe mediante nuestra intención.

Desde que nacemos, vivimos encasillados en lo que a día de hoy es inherente a la sociedad actual. No es casual nada de lo que sucede. Si estás leyendo estas páginas es porque en algún momento has sentido que había algo más allá que desconocías; por lo tanto, eras ignorante de lo que la sociedad en la que hemos crecido no ha podido enseñarte. Por naturaleza buscarás conocer todo aquello que necesites saber y poco a poco lo irás aprendiendo, siempre que haya nacido en ti la inquietud de buscar la realidad de quién eres y lo que has venido a hacer a este mundo.

Al igual que aprenderás de lo que no conoces, también aprenderás a conocerte y reconocerte. Deberás aceptar que somos seres cambiantes y que lo que somos hoy no lo seremos mañana o lo que hoy veamos de una manera mañana lo veamos de otra. Esto está implícito en cada uno de nosotros y es básico para nuestra evolución. Cambiamos las perspectivas de las cosas a medida que conocemos más de ellas o incluso descubramos otras que hagan innecesarias las que hasta ahora eran imprescindibles. Creceremos cuando comprendamos que el conocer todas las perspectivas nos van a dar noción del todo y dejaremos de ser ignorantes pensando que lo que ya sabemos es dogma inamovible. Normalmente, cuanto más aprendamos, querremos aprender más, pero tenemos un límite: no podremos acumular todo el conocimiento del mundo, sino que deberemos saber adaptarnos a nosotros mismos e intentar ser libres y acumular aquello que solo necesitemos, y lo que no nos haga falta deberemos dejarlo fluir para que entre lo útil.

En el universo todo es vibración y energía. En nuestro experimentar hacemos uso de nuestros sentidos para poder captar algunas vibraciones. Estas vibraciones son llevadas a través de nuestro sistema nervioso a nuestro cerebro para que así conformemos una idea de la realidad que estás percibiendo. Esto es limitado, ya que nuestros sentidos no son capaces de hacernos detectar todo el espectro de vibraciones que nos rodean. Un buen ejemplo es la radio: puedes escuchar una emisora que tengas sintonizada en una frecuencia, pero hay muchas otras frecuencias que tal vez tu radio sea incapaz de sintonizar, o, como es lógico, sintonizar en la misma radio dos emisoras con frecuencias diferentes al mismo tiempo va a ser cosa complicada. Todo es energía, incluso todo lo que nos conforma en nuestro interior son partículas que vibran. Desde nuestros sentidos ni siquiera nos podemos plantear que realmente estamos compuestos por partículas cargadas de energía que no paran de moverse y formar un campo energético en su conjunto que va creciendo según nuestras emociones o sensaciones operen.

Tenemos la creencia de que es el pensamiento el que nos define como individuos, cuando es, al contrario: deberemos ser nosotros los que definamos lo que pensamos. Al igual que el resto de los sentidos, el pensamiento debería ser una herramienta más que utilicemos para comprender lo que nos rodea, y deberemos dirigirlo instintivamente (o al menos enseñarnos a hacerlo) hacia lo que conscientemente deseamos. Actualmente estamos tan ensimismados en nuestros pensamientos abstractos y sin sentido que no somos capaces de comprender que lo podemos emplear como un sentido más que nos ayudará a crear las experiencias que deseemos que aparezcan en nuestra vida.

En nuestro interior, nuestra esencia es única y fluye continuamente a través de nosotros, conformándonos a la perfección como seres que, siendo puros, se han dejado opacar por pensamientos que entienden ser únicos o verdaderos. Si liberamos nuestra mente, nuestra esencia podrá expresarse y podremos utilizar los sentidos para alimentar a esta y continuar nuestro camino evolutivo dejando siempre un contador a cero que busca el equilibrio.

Cuando nuestros pensamientos se originan, salen despedidas millones de partículas que son inimaginables, ya que nuestros sentidos físicos no son capaces de detectarlas. Nuestro pensamiento no es solo lo que suponemos o hayamos aprendido que es, sino que es una herramienta que sirve para convertir aquello en lo que nos convenzamos en realidad.

El pensamiento da forma tanto a nuestra manera de ser y actuar como también a las cosas que nos rodean. Los pensamientos al final se convierten en cosas tangibles o no; por este motivo, deberemos pensar siempre en positivo, eliminar el temor inculcado sin ser conscientes de ello.

La vida y lo que te ocurre obedece a lo que reflexionas y a lo que verbalices. Si pensamos que lo malo nos acecha, este mal es el que veremos. Estamos acostumbrados a pensar según lo que la sociedad nos ha enseñado. Intentaremos casi por obligación ser capaces de buscar una nueva brújula que nos dé la potestad de dirigirnos hacia todo lo que queramos, y así esto se podrá conformar ineludiblemente.

Nacemos con libre albedrío para escoger. Podemos ser positivos o negativos para imaginar lo hermoso o lo horrendo, y esto al final se reflejará en la realidad. Estamos atribuyéndole a la mala suerte todo aquello que para nosotros son calamidades. Somos creadores de toda manifestación que se nos presenta, polarizando las partículas que se generan con nuestro pensamiento y según la creencia que habita en nosotros mismos por lo que pensemos según nuestra esencia pura y libre de temores, y nos rodearemos de la vida que nuestro ser desee.

Es imperativo el dejar de estar desconectados y viviendo en automático. Estamos sobreestimulados de miedos. Sin darnos cuenta, las ideas que nos inculcan día a día las estamos repasando y las grabamos en nuestra consciencia, y, por lo tanto, esta creencia o convicción no podrá ser identificada por nuestro subconsciente como algo que queramos realmente y reflejará la instrucción que le hayamos dado. Por eso es necesario dar instrucciones correctas, teniendo pensamientos, ideas o convicciones que nos acerquen a la felicidad. Es importante hacer que el subconsciente sea creador de las cosas que deseemos que sean el reflejo de ese interior que ha aceptado que dentro de sí mismo exista solo la voluntad positiva que determine los efectos que has deseado que realmente cohabiten en tu entorno.

Si realizamos este viaje hacia nuestro interior, conseguiremos vivir según aquello que hemos olvidado, nuestra esencia resurgirá, nuestra alma recordará, nuestro ser vivirá con el saldo en equilibrio, repitiendo solo lo que deseemos para nosotros mismos con un amor que al final borre cualquier rastro de dolor que haya marcado nuestra alma, pudiendo trascender a un hogar que algunos ya están echando en falta.